LES DROITS

ET LA PENSÉE

DE LA FRANCE.

DE L'IMPRIMERIE DE LACHEVARDIERE,
RUE DU COLOMBIER, N° 30, A PARIS.

LES DROITS

ET LA PENSÉE

DE LA FRANCE,

DÉDIÉS

A LA NATION, AUX CHAMBRES

ET AU ROI,

PAR J. MUIRSON,

OFFICIER ANGLAIS.

> Une idée nouvelle est un brillant gagné
> aux hommes, une flammèche lancée à la
> postérité.

PARIS,

DELAUNAY,
LEVAVASSEUR,   } PALAIS-ROYAL.
LEDOYEN,

ET CHEZ LES PRINCIPAUX LIBRAIRES DE PARIS ET DES DÉPARTEMENS.

1832.

AVANT-PROPOS.

𝔐𝔞 𝔱𝔞̂𝔠𝔥𝔢.

En France, où brillent des lumières si éclatantes et si profondes, où s'élèvent des talens si resplendissans et si vigoureux, où de nouveaux Démosthènes devraient avoir saisi le sceptre de la conviction, nul génie n'est sorti de ces rangs pour établir la certitude, et ne plus laisser suspendre le doute en balance!

Voilà pourquoi je me la suis imposée, et qu'en prenant la plume, je n'ai pas craint de m'exposer à la critique la plus subtile, et qu'au lieu de l'éviter, je la cherche, je l'invite, je la défie!

Elle sera

De rétablir l'unité dans l'opinion;

De la soutenir par des preuves incontestables;

De faire ressortir des conclusions irrésistibles!

Et

Alors, je l'aurai accomplie.

LE PEUPLE

Est cette masse active, intelligente, laborieuse, qui enrichit un pays par son commerce, son travail, son industrie ; qui, éternellement occupée et progressivement spéculative, fait ressortir les lumières et en fait rejaillir la richesse : c'est lui qui, en créant un gouvernement, fait preuve de sa force ; mais qui, en donnant sa confiance, ne perd pas ses droits !

En d'autres termes, ce sont ces nombreux citoyens qu'on nomme artisans, marchands ou négocians; ces abeilles de la famille, qui font le miel et en répandent le suc; ce barreau si petillant de savoir, ces médecins si philantropes se sacrifiant au bien-être du genre humain, et s'inoculant la peste; ces juges, ces avoués, ces jurés pesant la vie et les intérêts de tous dans la balance de leur intelligence; ces pères de famille riches de leur intégrité, et si utiles à l'État; ces laboureurs sobres, économes et si probes; ces guerriers affrontant la mort au milieu des combats; ces chefs mutilés par la mitraille des rois, qui, ayant conduit les phalanges pour défendre la patrie, en ont ramené leurs débris tout couverts de blessures et de gloire; ces soldats-citoyens servant leur pays sans rétribution, tous amis de l'ordre, des mœurs et de la morale : cette masse enfin, si intègre, si vertueuse et si instruite, formant ensemble la force, les trésors et le corps d'une nation, connaissant ses besoins, ses intérêts, ses droits (mais ne payant pas le cens de la petite aristocratie), rejetée en dehors, et traitée comme le rebut de la société !

C'est lui

Qui en posant des lois très sages et sans bornes,
Établissant la base, a consacré les formes.
Il ne reçoit le mors que pour le bien de tous,
Faute duquel, son roi devient le roi des fous !

DE LA

CHAMBRE DES DÉPUTÉS.

Les Députés se nomment eux-mêmes.

Cette masse que je viens de classer, de définir, et de peindre, s'appelle la nation, ou le peuple !

Et

Se monte en France à près de trente-deux

millions d'hommes, frappés d'incapacité gouvernementale et législative.

Car

Ils ne peuvent en aucune manière directe ni indirecte concourir à la nomination d'un député.

Parce que,

Ne payant pas le cens électoral, ils ne sont pas électeurs.

Or,

Pour nommer un député, il faut être électeur.

Et,

Pour être électeur, il faut payer le cens électoral.

Or,

Le cens indispensable pour conférer la qualité d'électeur est fixé par la chambre des députés et celle des pairs,

Qui sont

L'émanation du droit divin (avant juillet
1830, j'entends).

Ainsi,

Les députés nomment les électeurs,

Et

Les électeurs nomment les députés.

De sorte

Qu'ils se nomment alternativement.

Mais

L'électeur ne reçoit son titre ou qualifi‑
cation

Que

Par la permission de la chambre des dé‑
putés,

Qui

Ont le privilége de fixer, de diminuer, ou
d'étendre le cens.

Ainsi

Les électeurs ne sont, et ne peuvent être
autre chose

Qu'une

Perpétuelle dépendance de la chambre des députés.

D'où il suit,

Et c'est prouvé par une démonstration foudroyante d'irrécusabilité,

Que

La chambre des députés se nomme elle-même.

OBSERVATION. On n'exigera pas que je démontre l'origine du droit divin, ce que je serais forcé de faire en remontant aux électeurs que la Charte de la restauration créa.

LA

CHAMBRE DES DÉPUTÉS

NE REPRÉSENTE PAS LA NATION.

D'abord :

Elle s'en est éloignée encore davantage en fixant, comme qualification, pour être député, un cens plus élevé que celui qu'elle impose pour être électeur!

Mais

Cela lui convenait pour resserrer le cercle de son aristocratie;

Et

Je viens de prouver qu'elle se nomme elle-même!

Or,

Sous Charles X, le nombre des électeurs s'élevait à quatre-vingt mille !

Et

Actuellement il est de deux cent et quelques mille,

Mais

La France est peuplée de trente-deux millions d'hommes (1).

(1) Ici on prétendra peut-être que j'ai fait un calcul erroné en comprenant la population tout entière; je l'ai fait exprès, pour faire ressortir avec plus de force l'absurdité du système actuel.

Que les femmes soient aptes ou non à prendre part à leurs intérêts politiques, ce n'est qu'une

Ainsi ,

En prenant le chiffre le plus élevé des électeurs

Il suit

Que trente-un millions huit cent mille Français sont rejetés en dehors ,

question d'opinion , d'éducation et de temps ; mais ce n'en est pas une que ces mêmes inté-rêts ont le droit d'être représentés , et elles ne peuvent (ainsi que leurs enfans), en aucune ma-nière , compter pour zéro. Effectivement ne sont-elles pas comme veuve, fille, ou autre-ment , imposées selon leurs fortunes? Ne sont-elles pas reconnues dans le commerce, devant la loi et en justice ; pourquoi donc ici ne les aurais-je pas comprises ?

Si les convenances et une considération pour la faiblesse physique de leur sexe ont commandé aux hommes de les dispenser de la fatigue d'une coopération personnelle dans l'administration législative, est-il juste, je le répète, que leurs intérêts n'y soient pas représentés? A la mort de leur mari, qui peut même avoir été député, sont-elles exemptées de contribuer aux besoins de l'État? Je ne crois donc pas avoir pris un cercle vicieux , et je défie encore le sophisme.

Et que

La chambre des députés n'est qu'une fraction très faible d'une fraction très petite,

Et sur laquelle

La nation n'a jamais eu, n'a, et ne peut avoir aucun contrôle;

Et où

Elle ne peut se voir que par imagination!

D'où il suit

Que la chambre des députés n'est en aucune manière

Les députés de la nation.

UNE REMARQUE.

Par cette singulière combinaison, la vie, la personne et la fortune de près de trente-deux millions d'âmes, se trouvent à la merci d'une très faible minorité,

Contre laquelle

Ils n'ont aucun moyen de réaction ni de contrepoids!

Et encore,

Le nombre des électeurs, variant selon

les naissances, les décès, les succes-
sions, les ventes, les acquisitions, etc.,
tend infailliblement à en réduire le
chiffre.

De sorte que

L'agglomération de propriété opérée dans
un sens inverse

Mènerait

Au despotisme d'un seul!

C'est

Pousser le superlatif de l'absurdité, dans
son superlatif degré.

LA

RÉVOLUTION DE JUILLET.

———

Dans cet état de choses, le génie de la
    liberté,
Gardien sacré des droits de l'homme,
Et protecteur fidèle de la nation française,
Fit briller à ses yeux les chaînes de l'es-
    clavage,

Et le peuple !

Fort de sa souveraineté, et armé de sa

justice,

Mit le tyran bas !

Alors

Il reprit son sceptre, retrempé par la vic-

toire,

Pour

Piloter lui-même le vaisseau de l'État,

Mais hélas !

Le démon de la discorde, trompant sa

vigilance,

Et se jouant de sa confiance,

Vint, sous la forme d'une hypocrite né-

cessité,

Le remettre encore

Dans les chaînes des députés !

D'où

Il pousse des cris pour son émancipation.

SUITES.

Les suites de la révolution

Sont

Et demeurent prouvées par ses antécédens;

Or,

Ayant pour base commune le même chiffre électoral et la même combinaison,
il est évident qu'ils sont identiques et
semblables;

Ainsi,

Il est clairement démontré que la chambre actuelle n'est que la fraction d'une

fraction créée par elle-même, sans avoir reçu de la nation aucun mandat à cet effet;

Et conséquemment,

Toutes ces œuvres politiques, législatives et administratives, sont frappées de nullité et d'illégalité;

De manière

Qu'une persévérance dans ce système serait coupable et ne ferait qu'accroître les difficultés sans jamais indiquer le sentier pour en sortir.

De sorte

Que ce gouverment bâtard ne peut inspirer cette confiance, qu'il n'a pas lui-même; Sa marche sera continuellement entravée et arrêtée. En vain résistera-t-il contre la force et la puissance de la raison, dont, malgré tous ses efforts, le triomphe est certain.

En attendant,

Ces égaremens populaires affligent les amis de l'ordre et de la liberté. Ce sang inutilement répandu est cher à la patrie et à l'humanité !

Mais

Le reproche tombe de tout son poids sur le pouvoir seul,

Parce que

On pense qu'il devrait se conduire en tendre père plutôt qu'en roi vengeur !

Ainsi,

Le pouvoir exécutif, législatif et administratif, convaincu d'erreur, d'illégalité, et d'usurpation, mais docile à la voix de l'honneur, du patriotisme et de la conviction, se trouve

Sommé

De rentrer dans les voies de la justice !

Le moyen ?

C'est le suffrage universel légèrement modifié.

La pratique ?

Est simple est facile.

Son développement ?

Le voici :

La France est armée de pied en cap ; ses nombreux bataillons couvrent et protègent ses frontières ; un peuple ami se tient aux avant-postes ; un peuple sacrifié (mais que la haine qu'il porte au tyran , et son amour pour la liberté , peut encore faire revivre) forme une glorieuse vedette qui se grossirait en armée ; la sympathic de ses voisins , comprimée mais non éteinte , rend toute intervention de la part de ses ennemis peu probable, et nullement à craindre.

Ses citoyens en armes , sentinelles vigilantes , maintiennent le repos , l'ordre et la tranquillité dans l'intérieur , disposés en même temps à prêter la valeur de leur bras pour repousser toute agression. Les

lois sont en vigueur et les impôts se prélè-
vent avec une facilité tout admirable et
patriotique. Les factieux ne se montrent
qu'en assassins et en voleurs ; l'autorité
provisoire, fidèle au poste où la victoire
l'a placée, tient, d'une main ferme, le
gouvernail de l'État ; les lumières, les vertus, la philantropie, prédominent, et
dans cet état de sécurité et de force, une
nation peut, sans crainte ni confusion,
exercer dans le calme et avec sagesse un
droit si solennel.

Heureuse France !

Jamais peuple ne fut si favorisé, jamais
occasion aussi belle !

Il me semble que Dieu lui-même t'a cou-
verte de sa grâce !

Je suppose que

La France est un vaste cercle dont le centre est au siége de son administration :

ses trente-deux millions d'hommes sont autant de rayons qui viennent s'y join-dre ; sa population domiciliée, fixe et numérotée, se partage facilement en dizaines et en centaines, qui, par cette opération progressive, se réunira au centre en nombre de six cent qua-rante.

Or,

La nature, sage et prévoyant tout, a ré-glé le nombre par les années des vo-tans ;

Et alors

Cette chambre, ainsi réélue,

Sera, en effet,

Les députés de France,

Et

La sagesse de leurs paroles réunira les cœurs.

DU

SUFFRAGE UNIVERSEL.

Le suffrage universel que je soutiens être le seul remède aux dissensions de la nation française, est un moyen facile et simple à opérer, mais qui est loin d'être bien compris et senti. Pour les uns, c'est un essai dangereux qui risque d'entraîner à sa suite des troubles, l'anarchie, et des malheurs ; pour les autres , c'est une épreuve qu'ils craignent de subir, et dont leur conscience leur fait redouter le jugement , qu'ils ne se sentent pas le courage d'affronter.

Pour moi , à qui on ne peut supposer aucun projet ni ambition personnelle, c'est un appel à la sagesse d'un peuple , un exercice de sa souveraineté , contre lequel nul parti ne peut s'élever pour récuser le droit , ni refuser son adhésion.

Son exécution, ses résultats , et sa nécessité, ont été combattus par ceux qui redoutent sa probité , et ils ont cherché à inspirer des inquiétudes pour éloigner son opération. Insensés, vous dites vouloir clore l'abîme des révolutions , et vous en laissez la porte pour toujours ouverte. Insensés , encore une fois , vous reconnaissez la nécessité de changer et d'améliorer les lois , et vous ne voulez pas acquérir le caractère indispensable pour leur donner force. Les nations dans leur enfance même ont fait preuve de plus de sagesse que vous !

De quel droit vous arrogerez-vous la prérogative de priver un peuple civilisé de sa souveraineté ? Par quelle raison prétendrez-vous que quelques arpens de terre assemblés peuvent dicter des lois et imposer un chef à près de trente-deux millions d'hommes, sans avoir été munis de leur procuration ?

Insensés, pour la troisième fois, vous ne pourrez jamais réussir dans une pareille absurdité !

Je ne connais pas d'intermédiaire entre le vrai et le faux, et en prouvant la justice du suffrage universel, j'en ai établi l'impérative nécessité. Et comme ses conséq ences sortiront de son application, il me reste seulement à montrer la facilité de son exécution.

J'ai déjà (en employant une figure géométrique) fait connaître les résultats définitifs, je dois actuellement simplifier davantage cette démonstration, en expliquant la pratique locale.

On croit généralement que l'application de ce système nécessite un grand rassemblement d'hommes réunis dans le même endroit et votant par assis et lever, ou qu'il faut colporter des registres de maison en maison pour recevoir les signatures.

Aucun de ces moyens ne me paraît ni convenable ni juste; l'un peut effectivement entraîner une confusion qui dénaturerait les intentions; et l'autre est trop susceptible d'être violenté par la fraude ou la ruse; tous les deux sont donc loin de répondre à une conviction assurée et irrécusable.

Mais on ne peut faire ces objections à la division par dizaine,

Qui ,

Commençant l'élection de leurs délégués au même jour et à la même heure sur toute la surface du pays, serait à peine aperçu.

Cette

Première opération terminée en peu de minutes, donnera dix hommes pour en représenter cent,

Qui

Pourraient sur-le-champ se réduire à un seul ;

Et ,

Ce dernier réuni aux neuf autres pareillement élus, formera une dizaine qui deviendra unité ensuite pour représenter mille ;

Et alors,

Les cinquante délégués nommeront un député de la nation,

Qui

Représentera dans sa personne cinquante
mille Français.

Et

Pour trente-deux millions d'hommes,

Cela

Donnera un total de six cent quarante.

====

Les modifications nécessitées par l'âge,
le sexe, la demeure fixe, les localités, la
population éparse ou concentrée, la réu-
nion définitive, l'exclusion à cause des ju-
gemens flétrissans, etc., etc., n'étant pas de
ma capacité ni de ma compétence, ne me
regarde pas, et ne peut demander de ma
part le moindre détail, mais il me semble
que satisfaire à la conscription, et payer
la cote personnelle devrait suffire pour
conférer la qualité de citoyen, à moins,
comme je l'ai dit auparavant, que quel-

que condamnation infamante n'ait fait une exception.

Cette modification du vote universel me paraît offrir une garantie assurée à tous les amis de l'ordre et de la liberté; elle n'exclut que ceux qui sur le rapport d'une influence funeste, ou le défaut de morale, peuvent être directement considérés comme leurs ennemis.

Quels obstacles viendront se placer, quels sophismes se jetteront à travers, je ne puis le deviner, mais je crois pouvoir les mettre au néant, sinon les réduire au silence.

Je pense avoir suffisamment établi la justice, et prouvé la nécessité d'un prompt retour aux principes par un appel au suffrage de la nation, la facilité et la sécurité de son exécution ont été également démontrées.

Objectera-t-on que les lumières de la

population rurale ne permettent pas (sur le rapport politique) de les placer au niveau des capacités des habitans des villes?

Dira-t-on qu'ils sont plus sujets aux influences funestes et nuisibles des ennemis de la révolution? Je crois que c'est leur faire injure, et la nomination généralement patriotique des officiers de la garde nationale et des conseils municipaux m'en fournit la certitude. Les électeurs ne sont-ils pas actuellement plus nombreux dans les campagnes que dans les villes? Ici on sentira le besoin de procéder avant tout à une nouvelle nomination des maires, des conseils municipaux, et des officiers de la garde nationale (qui émaneront du choix de leurs commettans sans l'intervention du pouvoir); et comme il s'agira ensuite d'un intérêt si vaste et si général, ne serait-il pas facile de rétablir la balance, en cas de besoin, entre le nombre et les capacités, en faisant voter dans une proportion déterminée les habitans des villes dans les campagnes, *et vice versâ ;* cette dernière opération sera naturellement de la compétence des citoyens, qui sont habiles à démêler leurs intérêts et à en assurer la réussite.

On conçoit que, dans cette filtration successive de capacités, la nomination définitive d'un député de la nation ne reste pas concentrée à aucun local, et que le choix peut se fixer sur tout citoyen français.

Je demande à présent, quand même il sortirait de l'urne électorale quelques noms qui porteraient le caractère d'une espérance coupable, ou d'une velléité incorrigible, quel mal y aurait-il ? Leur très petit nombre ne mériterait pas le titre de la plus faible minorité, et ne pourrait causer le moindre préjudice ; je dirai plus, il aurait un effet contraire, en tenant les yeux de la nation en éveil, et le patriotisme des Français sur l'alerte.

S'inquiète-t-on de quelle manière cette nouvelle chambre se renouvellera? Je réponds, en s'écartant le moins possible des premiers principes ; mais on pourrait, par exemple, exiger l'éducation primaire ; ce serait un nouveau moyen de répandre l'instruction; cela donnerait lieu en même temps, parmi les classes pauvres, à l'introduction des journaux périodiques, qui compléteraient leur éducation politique.

Viendra-t-on soutenir qu'un gouvernement qui est en lui-même illégal ne peut prendre l'initiative dans un changement aussi important et aussi considérable ?

Je demanderai, à mon tour, quand on est convaincu d'un tort, s'il convient d'y persister, et si, quand on a commis une erreur, il faut en commettre une plus grave pour autoriser la première?

L'homme dont on vient d'enfoncer la porte et d'arracher de son sommeil pour le tirer de sa maison enflammée, se plaindra-t-il en disant qu'on n'avait pas le droit de le faire? accusera-t-il son sauveur d'une infraction? Voilà, ce me semble, la question et la réplique!

Quelle forme de gouvernement adoptera-t-on, et quel sera le chef que l'on choisira? Je n'en sais rien : cela ne me regarde pas. Tout ce que je sais, c'est que, dans tout ce qu'ils feront, ils auront reçu mission pour le faire, et que le principe de leur nomination me répond de leur sagesse!

Imaginez, s'il est possible, le spectacle majestueux d'une nation de trente-deux millions d'hommes, accomplissant sa régénération sur le principe éternel de la souveraineté du peuple ; contemplez sa joie, son ordre et sa méditation religieuse ; admirez son calme, sa force et son intégrité ; et contestez, si vous l'osez, la sainteté de ses droits !

Au Roi.

Je vous ai dit votre devoir, et vous pouvez vous immortaliser !

Aux Députés et aux Électeurs.

Vous y trouverez les vôtres, et votre honneur vous le dictera.

A la Nation.

Il faut rentrer dans vos droits qu'on vous a escamotés.

Aux Objections.

Il n'y a que la mauvaise foi qui en fera.

NOTE A PART.

MINISTRES DES CULTES.

Si, dans l'énumération qne j'ai faite du peuple, je n'ai pas désigné les ministres des cultes, qu'on ne croie pas que j'ai voulu les exclure, ou que je les avais oubliés ; au contraire, comme j'avais quelque chose de particulier à leur dire, je leur ai réservé cette note.

Ne sont-ils pas les apôtres de la paix et de la concorde ? ne sont-ils pas des Français ? et ne doivent-ils pas, dans cette double capacité, désirer le bien-être de leur pays, et concourir de tous leurs efforts pour l'accomplir ?

Voilà, en peu de mots, de grands devoirs que je leur enseigne, et dont j'aime à croire qu'ils sont généralement et individuellement pénétrés.

Je me suis servi de ces deux termes opposés pour marquer que cet esprit de caste qui leur est reproché est contraire à la morale dont ils sont les prédicateurs ;

Car,

L'homme est égal devant Dieu ; le pauvre comme le riche, le noir comme le blanc, le païen comme le chrétien, avec tous leurs intermédiaires, sont jugés, récompensés ou punis selon leurs œuvres.

Parce que

Tout sentier conduit au ciel, quand la

vertu et la morale sont les points de départ ;

Et

Devant la justice des hommes, ce doit être la même chose ;

Et

En matière de religion encore davantage.

De sorte

Que toute distinction, soit dans les égards ou autrement, est non seulement un mensonge contre la doctrine, mais dépouille encore l'individu qui se la permet, de son caractère sacerdotal pour endosser l'habit et les passions criminelles de l'homme !

J'ai déjà dit

Que, comme Français, les ministres des cultes doivent travailler à la conciliation et à l'union de leurs compatriotes ;

Et

Comme religionnaires, à apaiser les querelles, et à rétablir la concorde parmi les hommes ;

Èt

Comme tous les deux, concourir au bonheur de leurs semblables.

Cela posé,

Je rappellerai à leurs souvenirs les horreurs de l'anarchie et de la guerre civile ; ils le savent, ils ont déjà été les victimes des fautes de leurs prédécesseurs, qui, d'abus en abus, ont exaspéré les esprits au point de faire oublier la justice et l'humanité : j'espère que ces tristes exemples ne seront pas sans fruit, et tourneront au profit de l'avenir. Je dois encore leur dire que, s'il se trouve néanmoins quelques personnes assez infatuées pour croire à une troisième restauration, leurs désirs coupables ou généreux ne sont que l'effet d'une imagination erronée ou ambitieuse ;

Car,

Quand même Henri V serait un nouveau Messie, son retour en France, comme roi, est impossible.

Je reconnais l'injustice de faire porter aux enfans la punition des fautes de leurs parens; je dis que, dans son application générale, je reconnais sou injustice; mais les antécédens de cette famille ne peuvent jamais être oubliés, et le principe de la souveraineté du peuple, si long-temps établi avant celui du droit divin des rois, se trouverait tellement en contradiction dans sa personne, qu'ils hurleraient de se voir encore réunis.

Ainsi,

Le seul devoir, le besoin impératif de tout ministre des cultes, est de calmer les passions et de réunir les sentimens patriotiques de leurs troupeaux; qu'ils n'oublient jamais

Que

Sans religion , il n'y a pas d'ordre ,

Et que

Sans ordre , il n'y a pas de religion.

CONCLUSION.

——

Ma tâche est accomplie ! je viens de soulever une vaste et importante question, qui, au milieu des fluctuations des esprits sur le passé, le présent et l'avenir, doit faire une profonde impression : j'ai dû l'agiter par l'amour que je porte à la nation française et par l'admiration qu'elle m'inspire.

Mais si je n'avais abouti qu'à propager

la douleur de l'incertitude, mon entreprise serait criminelle; si je n'eusse pas eu un développement net, clair, précis et vrai, à offrir, je n'aurais fait qu'ajouter à la perplexité au lieu d'établir, en France, cette concorde et cette harmonie qui peuvent seules faire sa force, et lui donner les moyens de terminer ses travaux. C'est elle qui doit accomplir et consolider les hautes destinées dont la Providence lui a spécialement confié l'exécution!

Sous ce rapport, je suis loin de craindre le moindre reproche; car, avec des intentions aussi pures, le résultat est d'avance certain. J'ai remonté avec courage vers le principe, et dans sa solution, j'ai fait ressortir, par la preuve, ses conséquences établies.

Les peuples, opprimés depuis tant de siècles, ne peuvent plus perdre l'espoir de leur émancipation ; mais la puissance déchue des castes et des priviléges cherche à élaborer, à son maintien, cette crainte imaginaire de l'anarchie qui éloigne leur accord, et les empêche d'arriver à un affranchissement complet.

C'est donc le devoir de l'homme vraiment philantrope de déchirer les derniers lambeaux du voile qui obscurcit les lumières de leurs intelligences, de leur expérience, et de leurs vertus ; il doit leur rendre l'épée de leurs droits, et leur apprendre comment s'en servir avec efficacité.

Dans la poursuite de cette conviction, j'ai entrepris ma tâche, et en l'acceptant je me suis imposé comme condition unique, la vérité soutenue par la preuve; loin donc d'avoir cherché à imiter ces tristes exemples d'injures et de récriminations réciproques, j'ai, autant que j'ai pu le faire, évité de répéter des griefs légitimes et fondés.

Une pareille récapitulation ne pourrait qu'élargir l'abîme et écarter cette conciliation que je me proposais d'opérer!

C'est surtout à la France régénérée que j'ai dû principalement m'adresser; c'est elle qui est le fanal qui doit guider et conduire les autres peuples; c'est par sa sagesse et ses mœurs que l'ancre de la liberté s'est rivée dans son sol, c'est donc à elle de s'en rendre digne, et chez elle que je dois chercher à détruire la timidité politique de sa vertueuse population!

Certes, le plus grand fléau qui peut affliger une nation, est l'anarchie déchaînée; le despotisme le plus tyrannique est cent mille fois préférable et plus doux, et la première ne peut jamais être éteinte que par le triomphe du dernier.

Ainsi, je suis profondément convaincu

que toute émeute populaire sera toujours préjudiciable aux progrès de la liberté , et qu'au lieu de l'avancer, elle la retarde en inspirant des craintes d'un mal épouvantable.

L'autorité connaît si bien la puissauce de cette terreur sur les hommes , que souvent, dans un intérêt individuel , elle cherche à prolonger ou à faire naître des alarmes vaines et mal fondées. Telle est si évidemment la politique de presque tous les gouvernemens actuels de l'Europe, que j'ai l'intention, plus tard, d'en donner la preuve mathématique ; aujourd'hui c'est à la France que j'ai affaire, et au peuple français que je dois conséquemment borner mes observations.

Et on a osé, ô belle France ! calomnier ta gloire et tes vertus ! on a osé accuser les intentions de tes plus fidèles , de tes plus courageux défenseurs, qui, au jour du danger, dans leurs efforts pour maintenir l'ordre, ont risqué de compromettre la réputation de plus d'un demi-siècle, pour recevoir, en injures, le prix de leur dévouement! Oui, on a osé entretenir tes craintes et même les engendrer pour perpétuer le crime en stimulant tes terreurs.

Mais a-t-on donc oublié que ta vertu civique a maintenu l'ordre et la justice, quand les lois n'existaient plus? Peut-on oublier la splendeur de tes trois journées, plus renommées encore par la probité et l'humanité qui les ont immortalisées, que par le courage héroïque qu'elles ont mis au jour : je le demande, peut-on jamais oublier cet exemple unique dans le monde?

Peut-on récuser les conclusions tirées de ce voyage d'un vieillard détrôné, faisant à pas lents son court trajet dans l'intention coupable d'ajouter à ses crimes, en provoquant les horreurs d'une guerre intestine ?

Peut-on ne pas convenir que sa marche, prolongée et détournée, a laissé l'irrécusable certitude qu'il n'y avait plus, entre lui et sa famille, aucune sympathie en France ?

Non, les Bourbons (déchus) sont divorcés à jamais d'avec elle : aucune combinaison ne peut rétablir leurs rapports, l'expérience est trop vraie et trop récente pour ne pas se souvenir qu'un bon scion ne peut jamais sortir d'une mauvaise souche !

Voilà pourtant ce que la vérité m'oblige à dévoiler ; voilà, je dis, les moyens qu'on emploie pour priver le peuple du fruit de son travail ; c'est en dénaturant les efforts probes et patriotiques qu'on prive la France de la récompense de son sang, de sa vertu et de sa modération : j'ai dû le démontrer, mais je ne puis vouloir le suivre.

Non, jamais je ne pourrais imiter cette industrie spéculative qui ne cherche qu'à exploiter les divergences d'opinions qui partagent les hommes, qui, pourvu qu'ils vendent leurs ouvrages et en touchent le prix, se soucient peu de semer la haine, la discorde et la confusion ! peu leur importe de propager des idées qui ne sont pas même l'effet de leurs propres convictions; ils livrent à des calculs mercenaires leurs intelligences qu'ils pourraient activer, avec plus d'honneur et avantage, en contribuant en même temps au bonheur et à la conciliation de leurs compatriotes; car, je ne puis me résigner à les croire incapables de dérouler des maximes plus stables que celles dont ils inondent leur pays d'une si éternelle et dégoûtante répétition; organe de la vérité ou du mensonge, ils affirment, comme uniquement praticables, des doctrines incompatibles et imparfaites; et peu leur importe; dans le trafic de leurs absurdités, si leurs inconséquences se débitent, leur but est atteint.

Ces hommes, au lieu de fixer, égarent les peuples; souvent ils ne sont que les scribes du pouvoir, et, sous le titre d'avocat, de conseiller ou de juge, se font les échos des orthodoxies machiavéliques de leurs maîtres, qu'ils aident à gouverner en entretenant la désunion.

Certes, il est permis à un ministère de défendre son système gouvernemental, mais que les armes dont il se sert soient celles de la loyauté, de l'honneur et du courage, que, faute de pouvoir vaincre par la puissance de la raison, il n'appelle pas à son secours les flèches de la couardise, le poison de la calomnie, et les injures de la rage ; qu'il renonce à élaborer à son profit cette crainte imaginée qui, en aveuglant la France, l'empêche de comprendre ses véritables intérêts, et au lieu de la conduire à un résultat positif, la plonge dans un chaos d'incertitude et de gêne.

Quelle personne de bonne foi contestera la vérité de mon assertion ? Qui niera qu'un gouvernement n'emploie tous les moyens à sa disposition, qu'il ne détourne les fonds que la crédulité a confiés à sa distribution, pour dénaturer les efforts des hommes plus vraiment patriotes, que ceux qui, avec leur misérable doctrine du juste-milieu, se rendent, sans s'en douter, les apôtres de cette sainte - alliance qu'ils ont combattues et qu'ils abhorrent.

Je le répète, s'il s'en trouve un seul qui affecte d'en douter, qu'il lise l'ouvrage de M. Pepin; je lui dirai que la composition de cet avocat *dévoué* a été envoyée gratis et franche de port à tous les préfets, sous-préfets, maires, adjoints, officiers supérieurs de la garde nationale, etc., etc., de province; que je l'ai empruntée moi-même d'un honorable maire de campagne, du département de la Manche, connu du reste par son patriotisme, et à qui je me plais à rendre les hommages de mon estime; et vis-à-vis de tous ces faits, il fera connaître (s'il le veut) de quelle part elle leur a été expédiée.

Ce que je viens de dire du ministère s'appliquera-t-il avec justice aux membres de l'opposition, et le préjugé lui-même n'est-il pas forcé de convenir qu'au lieu de prodiguer en abus les sueurs des prolétaires qu'ils défendent, ils sont obligés au contraire de leur consacrer leurs veilles, leurs talens et leurs fortunes?

Encore un coup (car c'est un point essentiel), je ne puis trop prémunir contre

ces journaux et écrits qui, se glissant au-
tour du cerveau de leurs lecteurs, vicient
leur jugement, et en réduisent la force :
spécieux et habiles à voiler leurs piéges,
ils font des dupes en escroquant leur ar-
gent, et rient en secret de leur imbé-
cillité,

Les honorables exceptions n'ont pas besoin d'être citées par leurs noms; ma sévé-
rité ne peut les attendre dans l'intégrité
de leur conscience. Pour les autres, je
leur ai dit ma pensée.

FIN.